Inmigrar a Estados Unidos

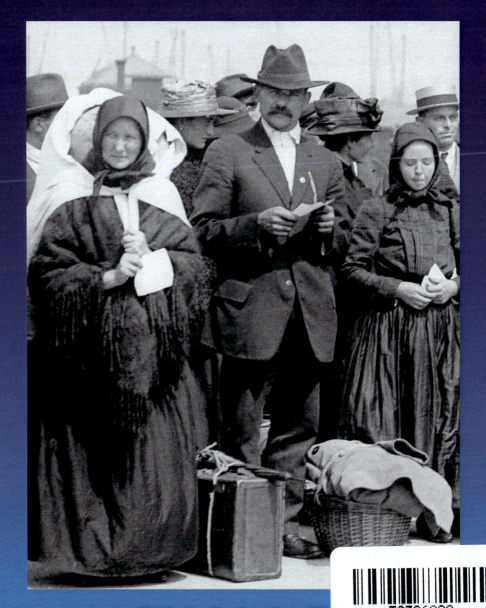

Michelle R. Prather, M.

Asesora
Jennifer M. Lopez, NBCT, M.S.Ed.
Coordinadora superior, Historia/Estudios sociales
Oficina de Currículo e Instrucción
Escuelas Públicas de Norfolk

Créditos de publicación
Rachelle Cracchiolo, M.S.Ed., *Editora comercial*
Emily R. Smith, M.A.Ed., *Vicepresidenta superior de desarrollo de contenido*
Véronique Bos, *Vicepresidenta de desarrollo creativo*
Caroline Gasca, M.S.Ed., *Gerenta general de contenido*
Robin Erickson, *Directora superior de arte*

Créditos de imágenes: portada, pág.1, pág.6 (derecha), pág.11 (izquierda), pág.15 (centro) Everett Historical/Shutterstock; págs.2–3 Library of Congress [LC-USZ62-38214]; pág.4 Library of Congress [LC-DIG-stereo-1s08151]; pág.5 (izquierda) Joe Raedle/Getty Images; pág.7, pág.9 (izquierda) SSPL/Getty Images; pág.8 Granger; pág.9 (derecha) Zeno.org; pág.10, pág.23, pág.25 (inferior), pág.27 (superior) U.S. National Archives; pág.11 (derecha) Library of Congress [LC-USZC2-780]; pág.12 Corbis a través de Getty Images; pág.13 (superior) Boulder County Latino History; pág.13 (inferior) Library of Congress [LC-USF34-009869-C]; pág.14, pág.15 (superior, inferior), pág.16, pág.19 New York Public Library; pág.17 (superior) South Asian American Digital Archive; pág.17 (inferior) Library of Congress [LC-USZ62-22339]; pág.18 BnF Gallica; pág.20 (inserto) Library of Congress [LC-USZ62-86667]; págs.20–21 Santa Barbara Museum of Art; pág.21 (superior) Sean O'Neill via Flickr; pág.22 (izquierda) Simon Allardice a través de Flickr; pág.22 (derecha) National Library of Medicine; pág.24 Library of Congress [LC-DIG-highsm-25218]; pág.25 (superior) Bettmann/Getty Images; pág.26 Joseph Sohm/Shutterstock; pág.27 (inferior) Maryland State Archives; pág.28 Library of Congress [LC-DIG-ppmsca-51996]; pág.29 National Park Service, Statue of Liberty NM; pág.31 Library of Congress [LC-USF34-018215-E]; pág.32 krblokhin/iStock; todas las demás imágenes cortesía de iStock y/o Shutterstock.

Library of Congress Cataloging in Publication Control Number: 2024051730

Se prohíbe la reproducción y la distribución de este libro por cualquier medio sin autorización escrita de la editorial.

TCM | Teacher Created Materials

5482 Argosy Avenue
Huntington Beach, CA 92649
www.tcmpub.com
ISBN 979-8-3309-0200-2
© 2025 Teacher Created Materials, Inc.

Tabla de contenido

Un nuevo mundo 4

Una nación que cambia 6

La experiencia en la isla de Ellis 14

La experiencia en la isla del Ángel . . . 22

El verdadero sueño americano 26

¡Analízalo! 28

Glosario 30

Índice 31

¡Tu turno! 32

Un nuevo mundo

> "Fue muy perturbador […] empacar e irnos de casa. Nos llevamos […] ropa y algunas piezas de porcelana […], una o dos mantas que eran de muy buena lana, que nos pareció que no íbamos a conseguir en Estados Unidos".
> —Emma Greiner

Corría el año 1925. Emma Greiner, de once años, y su hermano William, de doce, viajaron de Italia a Estados Unidos. Su papá había **inmigrado** a Estados Unidos unos cinco años antes y los extrañaba mucho. Emma y William se tenían el uno al otro, y tenían a sus tías. Pero estaban por dejar atrás una vida llena de recuerdos.

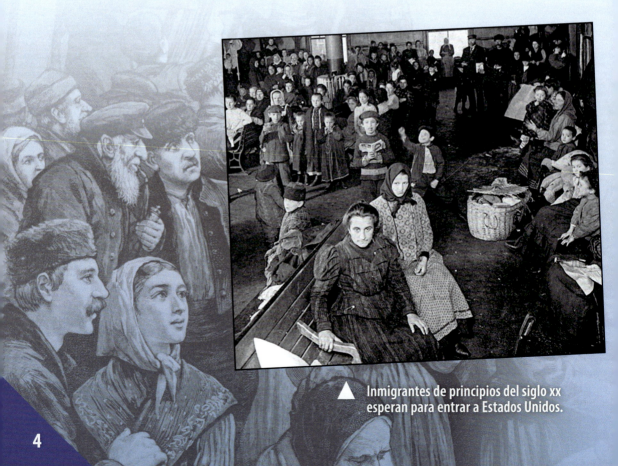

▲ Inmigrantes de principios del siglo xx esperan para entrar a Estados Unidos.

Es lo mismo que han hecho otras personas de distintas partes del mundo durante cientos de años. Se han mudado a Estados Unidos en busca de libertad y de una vida mejor. Los riesgos son enormes, y el viaje a veces es difícil. Nadie garantiza que las cosas saldrán bien. Pero, detrás de esa decisión valiente y transformadora, está la esperanza de vivir mejor.

A principios del siglo xx, hubo una ola de inmigración en Estados Unidos. Entre 1880 y 1930, más de 27 millones de personas hicieron este viaje lleno de dificultades. Esos inmigrantes han influido en los idiomas, las tradiciones, la política y la **economía** del país. Si no hubieran venido a vivir a Estados Unidos, el país sería muy diferente hoy. Ellos lo cambiaron para siempre.

¿Cuál es la diferencia?

Los términos *emigrante* e *inmigrante* no significan lo mismo. *Emigrante* se refiere a alguien que se va de un país. Por ejemplo, puede emigrar de Estados Unidos a otro lugar. En cambio, *inmigrante* se refiere a quien se muda a otro país, como una persona que inmigra a Estados Unidos desde otra parte del mundo. Los dos términos tienen la palabra base *migrante*, que significa "alguien que se traslada".

▼ Un grupo de inmigrantes se convierten en ciudadanos estadounidenses.

Una nación que cambia

Un imperio global

El Imperio ruso existió durante casi doscientos años. Era realmente enorme. Abarcaba aproximadamente un sexto del territorio del mundo. En su apogeo, comprendía gran parte de Europa, Asia e incluso parte de América del Norte. Llegó a su fin en 1917.

Casi todos los inmigrantes que llegaron a la Costa Este a principios del siglo xx venían de países del este y el sur de Europa. Los inmigrantes que habían llegado en el pasado, en cambio, provenían en su mayoría de países del norte y el oeste de Europa, por ejemplo, Irlanda y Alemania. Con la nueva ola, empezaron a llegar millones de personas de lugares como Italia y el Imperio ruso. Se decía que eran los "nuevos inmigrantes", ya que su **cultura** era muy diferente a la de los inmigrantes anteriores. Muchos eran católicos o judíos. La mayoría no hablaba bien inglés. A los **nativistas** les preocupaba que esos grupos de culturas tan diversas cambiaran las costumbres del país.

▼ un inmigrante judío en 1911

Cambio de leyes

En 1921, el gobierno de Estados Unidos aprobó la Ley de Cuotas de Emergencia. Con esta ley, se establecieron cupos, o límites, para la cantidad de inmigrantes que podían ingresar al país cada año. Se implementó en respuesta al creciente número de inmigrantes, en particular, de origen judío. Los cupos para ellos eran mucho menores que para otros grupos. Esta ley racista siguió vigente hasta 1965.

Los nuevos inmigrantes habían tenido problemas en su tierra. En Italia, crecía la brecha entre ricos y pobres. En el Imperio ruso, había **hambrunas**. En esa época, comenzaba la Segunda Revolución Industrial en Estados Unidos. Eran tiempos de gran crecimiento económico. Los dueños de las fábricas se apresuraban a contratar obreros. A quienes pasaban hambre en su país, esos empleos les parecían un sueño. Las historias que se contaban sobre Estados Unidos lo pintaban como un lugar casi perfecto.

Gran parte de los inmigrantes se instalaron en las ciudades. Allí estaban la mayoría de los empleos. Las ciudades grandes, como Nueva York, Chicago y Filadelfia, crecieron muy rápido. Pronto estuvieron **superpobladas**. No daban abasto con la cantidad de personas que se mudaban allí.

▼ Unos trabajadores embotellan kétchup en una fábrica de la ciudad de Nueva York en 1910.

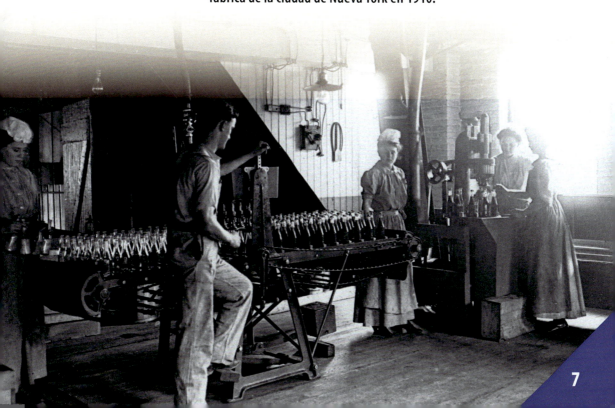

7

La nueva Costa Este

Como cada vez más inmigrantes se instalaban en las ciudades de la Costa Este, el transporte se volvió un problema. Los inmigrantes empezaron a trabajar en la construcción de puentes. Participaron en la construcción de líneas de tranvías y subterráneos. Millones de inmigrantes trabajaron en la construcción del sistema ferroviario. Luego, se dedicaron a mantenerlo en funcionamiento.

La vivienda también era un problema. Las ciudades no estaban preparadas para los millones de residentes nuevos. Pronto se empezaron a construir bloques de apartamentos de alquiler. Eran estructuras baratas que se construían rápido. Por lo general, tenían de cuatro a seis pisos. Los apartamentos eran muy pequeños (más o menos como dos lugares de estacionamiento). En ese espacio diminuto, había una habitación, una cocina y una sala. Las familias —en su mayoría, inmigrantes— se apiñaban en esos lugares estrechos. Una revista de la época se refirió a esos edificios como "trampas mortales". Un arquitecto dijo que eran "la peor maldición que hubiera **afligido** jamás a una gran comunidad". A principios de siglo, la mayoría de los habitantes de la ciudad de Nueva York vivían en apartamentos de alquiler como esos.

A pesar de todos estos problemas, seguían llegando inmigrantes. Entre 1900 y 1929, más de 15 millones de personas emigraron de Europa a Estados Unidos.

▼ una familia en un bloque de apartamentos de la ciudad de Nueva York alrededor de 1910

▲ Más de la mitad de los trabajadores que construyeron el edificio Empire State eran inmigrantes.

Fotos impactantes

En 1888, Jacob Riis tomó fotos (como la de arriba) de niños sin hogar y de los sucios apartamentos de alquiler donde vivían los inmigrantes. Las fotos se hicieron famosas. Gracias a ellas, se reclamó que hubiera mejores leyes para los inmigrantes. A Riis el tema le interesaba personalmente: él mismo era inmigrante. Sin embargo, su vida era muy diferente a la de las personas que fotografiaba. Era muy amigo del presidente Theodore Roosevelt.

Cambios en el paisaje

Hacia 1900, en la ciudad de Nueva York había una gran mezcla de culturas. Vivían más irlandeses allí que en Dublín, Irlanda. La única ciudad en la que había más residentes italianos era Roma, en Italia. Había más judíos que en ninguna otra ciudad del mundo. Diez años después, tres cuartas partes de los habitantes de la ciudad eran inmigrantes o hijos de inmigrantes.

La nueva Costa Oeste

A principios del siglo xx, el setenta por ciento de los inmigrantes que entraban a Estados Unidos lo hacían por la ciudad de Nueva York. Sin embargo, la Costa Oeste y el Suroeste también recibían cientos de miles de personas. La mayoría venía de Asia y de México. En particular, quienes llegaban en gran cantidad eran los inmigrantes chinos.

Había personas chinas que vivían en la Costa Oeste desde la fiebre del oro. Años después, los trabajadores chinos jugaron un papel esencial en a construcción de los ferrocarriles.

Los "hijos de papel"

Hubo algunas **excepciones** a la Ley de Exclusión China. Quienes tenían ciertas habilidades podían entrar a Estados Unidos. También podían hacerlo los hijos de ciudadanos estadounidenses. Entonces, a través de un sistema conocido como "hijos de papel", algunos inmigrantes chinos compraban documentos falsos en los que figuraban como hijos de ciudadanos chino-estadounidenses. Debían memorizar los datos de los documentos y superar entrevistas en las que se les preguntaba por sus familias falsas.

El mago de los cítricos

Cuando Lue Gim Gong tenía 12 años, se mudó de China a Estados Unidos. Vivió en San Francisco durante unos años y luego se mudó a Florida. En Florida, hubo una serie de inviernos crudos y se perdieron varias cosechas de naranjas. Lue quería hacer algo al respecto. Entonces, cultivó variedades de naranjas, manzanas, tomates, toronjas y duraznos que tenían más probabilidades de sobrevivir al frío. Con su trabajo ayudó a la nación.

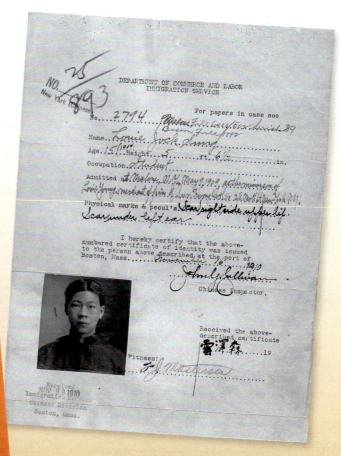

▲ documentación de un inmigrante chino fechada en 1910

10

Cuando la economía estadounidense iba bien, los inmigrantes chinos recibían un buen trato. Pero, en la década de 1870, surgieron dificultades económicas. Los habitantes del Oeste acusaron a los inmigrantes de robarles su trabajo. Los estadounidenses presionaron al gobierno para que tomara medidas.

En 1882, el Congreso aprobó la Ley de Exclusión China. Esa ley prohibía el ingreso de trabajadores chinos al país. También afectaba a las personas chinas que ya estaban en Estados Unidos. Si salían del país, necesitaban una autorización para volver a ingresar. Fue la primera vez que una ley federal excluyó a las personas debido a su **nacionalidad**. Esto redujo la inmigración desde China en el siglo siguiente.

◀ Esta viñeta de 1886 apoya la Ley de Exclusión China.

▼ Esta viñeta de 1882 critica la Ley de Exclusión China.

En la década de 1920, Estados Unidos vivía un gran momento económico. En el Suroeste, se necesitaban trabajadores agrícolas, mineros y obreros de la construcción. Pero la inmigración china se había frenado casi por completo. Miles de personas dejaron México y se trasladaron al norte en busca de empleo. Los empresarios estadounidenses los recibieron con gusto. Tal como sucedía con la mayoría de los inmigrantes, a los **peones** mexicanos les pagaban menos que a los estadounidenses.

En 1929, comenzó la Gran Depresión. Millones de personas perdieron su trabajo. Una vez más, culparon a los inmigrantes. Más de dos millones de mexicanos y mexicoamericanos se fueron del país en los siete años que siguieron. La mitad de ellos eran ciudadanos estadounidenses.

Luego, en 1941, Estados Unidos entró a la Segunda Guerra Mundial. Era evidente que no habría suficientes trabajadores en los campos. Entonces, el gobierno volvió a alentar la llegada de trabajadores agrícolas mexicanos. Más de cuatro millones de mexicanos y mexicoamericanos se mudaron a Estados Unidos durante la guerra.

▲ Una familia de México viaja a Estados Unidos en 1944 para trabajar en los campos.

Si bien los trabajadores mexicanos habían venido a ayudar, recibían muy malos tratos. Tenían jornadas de trabajo larguísimas. Les pagaban unos 30 centavos por hora (alrededor de $4 por hora en valores actuales). Después de la guerra, los agricultores estadounidenses dependían de la **mano de obra** mexicana. El programa laboral siguió implementándose hasta 1964. Luego, el gobierno **deportó** a más de un millón de mexicanos.

Irse de Estados Unidos

En 1929, no había ninguna ley que obligara a los inmigrantes a irse. Pero sí se los alentaba con firmeza a que se fueran. Los funcionarios repartían boletos de tren a México y les decían a las personas que "les convenía" dejar el país. Muchos creen que la Gran Depresión fue mucho peor a causa de esta deportación.

Este artículo periodístico informa que algunas familias mexicanas fueron deportadas a cuenta del condado de Boulder.

Luchar en dos frentes

Cientos de miles de mexicanos y mexicoamericanos se unieron a las fuerzas armadas estadounidenses durante la Segunda Guerra Mundial. Uno de esos soldados fue Armando Flores. Un día, Flores estaba de pie, con las manos en los bolsillos. "Los soldados estadounidenses deben estar en posición de firmes", le dijo un teniente. Ese momento le quedó grabado en la memoria durante años. "¡Nunca nadie me había llamado 'estadounidense'!", comentó después.

La experiencia en la isla de Ellis

La primera inmigrante

Los trabajadores de la isla de Ellis registraron a los primeros inmigrantes el día de Año Nuevo de 1892. Ese día, desembarcaron de un buque de vapor 124 pasajeros provenientes de Europa. Entre ellos, estaba Annie Moore. Moore tenía 17 años y venía de Irlanda. Había viajado con sus dos hermanos menores, y los tres iban a encontrarse con sus padres en Nueva York. Después de 12 días en altamar, Moore fue la primera inmigrante registrada en la isla de Ellis.

Camino a la fama

Muchos inmigrantes que pasaron por la isla de Ellis se hicieron famosos en Estados Unidos. Bob Hope se mudó de Inglaterra y se convirtió en un célebre actor y estrella de teatro. Irving Berlin dejó el Imperio ruso y escribió la canción "God Bless America". Albert Einstein llegó desde Alemania y terminó siendo un famoso científico. ¡Hasta el italiano Ettore Boiardi (conocido por su marca, "Chef Boyardee") pasó por la isla de Ellis!

Con la llegada de millones de inmigrantes a Estados Unidos, era evidente que se necesitaba un sistema. Antes de la década de 1870, era bastante fácil entrar al país. Cada estado tenía sus propias reglas sobre quién podía ingresar. Algunos estados tenían leyes estrictas. Otros no tenían ninguna ley sobre el tema. El proceso siguió siendo confuso y desorganizado hasta 1875. Ese año, la **Corte Suprema** determinó que el gobierno de Estados Unidos debía hacerse cargo de toda la inmigración que entraba al país.

Una de las primeras medidas que tomó el gobierno fue construir estaciones de inmigración. Con estas estaciones, era más fácil llevar un registro de quién entraba. Los empleados revisaban los **antecedentes** médicos y legales de los inmigrantes. Si no pasaban esos exámenes, podían ser detenidos o enviados de regreso a su país.

Se construyeron más de 70 estaciones a lo largo de las costas de Estados Unidos. La más grande y concurrida era la isla de Ellis, en Nueva York. La estación de la isla de Ellis abrió sus puertas en 1892. Eso coincidió con un momento importante. Millones de inmigrantes europeos llegarían al poco tiempo para buscar trabajo durante la Segunda Revolución Industrial.

▼ En la isla de Ellis, los inmigrantes esperan a que los examinen.

15

Si bien los inmigrantes vivían una experiencia intensa en la isla de Ellis, el proceso era bastante rápido. Primero, el barco atracaba cerca de la isla Staten. Allí subían médicos y controlaban que nadie tuviera enfermedades peligrosas.

Una vez que los médicos confirmaban que el barco estaba libre de enfermedades, subían los funcionarios de inmigración y hacían preguntas. Los funcionarios entrevistaban a los pasajeros según la **clase**. Los de primera y segunda clase iban primero. Los de tercera clase iban últimos, y les revisaban las valijas para verificar que no llevaran artículos ilegales.

Cuando los funcionarios estaban satisfechos con las respuestas de los pasajeros, los llevaban en barcos más pequeños a la isla de Ellis. Una vez allí, los ordenaban en dos filas. Una era para las mujeres y los niños. La otra era para los hombres y los muchachos de más de 16 años.

Cuando los pasajeros llegaban al principio de la fila, eran examinados por médicos. Quienes pasaban el examen podían seguir adelante. A continuación, los funcionarios de inmigración les hacían preguntas más detalladas. Si no les creían a los pasajeros, los detenían. Si aprobaban las respuestas, los pasajeros podían ingresar al país. La mayoría de los inmigrantes completaban el proceso en dos o tres horas.

▼ Las tarjetas de inspección mostraban que los inmigrantes habían aprobado los exámenes de salud durante el viaje.

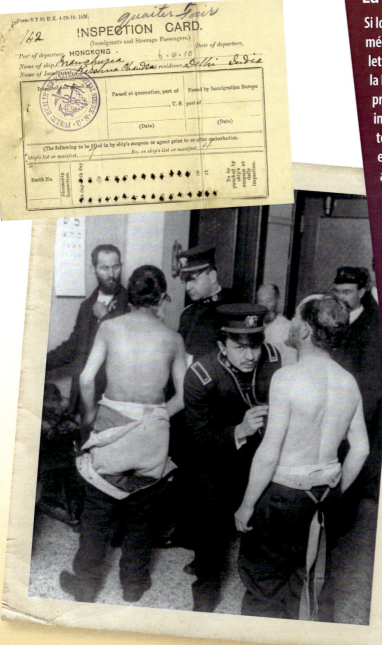

La marca de tiza

Si los pasajeros no aprobaban el examen médico, les marcaban la ropa con una letra escrita con tiza. Por ejemplo, la letra *B* significaba que tenían problemas en la espalda (*back* en inglés) y la letra *H* era para quienes tenían problemas de corazón (*heart* en inglés). Después, los mandaban al "corral del médico". Enviaban a ese lugar a aproximadamente 1 de cada 10 pasajeros. Allí los pasajeros esperaban a que les hicieran chequeos más minuciosos, que podían llevar días o semanas.

Un trabajo bien hecho

La Primera Guerra Mundial empezó en 1914. Estados Unidos entró a la guerra tres años después. Los nuevos inmigrantes jugaron un papel esencial. Aproximadamente uno de cada seis soldados estadounidenses había nacido fuera del país. En casa, los inmigrantes mantuvieron las empresas en funcionamiento. Un tercio de los trabajadores de la industria acerera más grande del país eran inmigrantes.

▲ Los médicos de la isla de Ellis examinan a los recién llegados.

Un símbolo de esperanza

De 1886 a 1924, casi 14 millones de personas entraron al país por la isla de Ellis. Venían a causa de la **persecución** religiosa y para buscar trabajo, entre otras razones.

Una de las primeras cosas que veían cuando llegaban a Nueva York era la Estatua de la Libertad. Al verla, sentían alivio. Parecía decirles: "Son bienvenidos aquí. Están a salvo". Este monumento se convirtió en un símbolo importante de Estados Unidos.

La Estatua de la Libertad fue un regalo de Francia. Los dos países fueron **aliados** durante la Revolución estadounidense. La estatua honraba esa amistad. También simbolizaba la libertad que ofrecía Estados Unidos. Para muchas personas, Estados Unidos era una promesa de independencia. Y la estatua era un símbolo de esa promesa.

La idea de construir la estatua nació en 1865. Sus creadores querían que tuviera un nombre significativo. Entonces, la llamaron "La libertad que **ilumina** el mundo". El nombre refleja la importancia de la libertad.

En 1871, el escultor viajó a Estados Unidos para buscar un lugar donde colocarla. Decidió que sería la isla de Bedloe. Quienes entraran a Nueva York por barco tendrían la isla a la vista. Y él sabía que, al ubicar la estatua allí, daría la bienvenida a los recién llegados.

La idea de Édouard

Édouard de Laboulaye era un **académico** francés. A él se le ocurrió la idea de construir la estatua. Quería que el pueblo, no un rey, gobernara Francia. Sin embargo, no quería que hubiera violencia. De Laboulaye eligió al escultor Frédéric-Auguste Bartholdi para que dirigiera el proyecto de construcción. Esperaba que la estatua inspirara un cambio pacífico.

Una bocanada de aire fresco

"Un día, el capitán anunció que estábamos por entrar al puerto de la ciudad de Nueva York y que allí nos recibiría una maravillosa estatua. Y nos invitaron a subir a la cubierta. Ese fue uno de los días más felices de mi vida".
—Emma Greiner

construcción de la Estatua de la Libertad en París, Francia, en 1883

En junio de 1885, la estatua se envió desarmada desde Francia. Cuando llegó a Estados Unidos, surgió un problema importante: ¡todavía no estaba listo el **pedestal**! El Congreso había destinado dinero a la construcción del pedestal. Sin embargo, el proyecto había sido demasiado costoso y ya no quedaban fondos. Algunas celebridades francesas y estadounidenses pidieron donaciones para pagar el pedestal. Quienes donaban $1 recibían una estatua de 6 pulgadas (15 centímetros). Quienes donaban $5 recibían una estatua de 12 pulgadas (30 centímetros). Joseph Pulitzer, además, se ofreció a publicar el nombre de todos los donantes en su periódico.

▼ En 1884, algunas personas pagaron para ver un modelo del brazo de la estatua en París.

Después de su llegada, la estatua quedó guardada durante un año en cajas de **embalaje** en la isla de Bedloe. Luego, la armaron pieza por pieza. El 28 de octubre de 1886, se realizó la inauguración. Un millón de personas viajaron para presenciar la ceremonia.

Los detalles de la estatua dejan en claro que está dedicada a todo el pueblo. En su mano izquierda, sostiene una tableta en la que se lee "4 de julio de 1776" en números romanos. Esa es la fecha en que Estados Unidos declaró su independencia. A los pies de la estatua, hay cadenas rotas que representan el fin de la **opresión**. Y en la cabeza lleva una corona con siete rayos: uno por cada continente.

"El nuevo coloso"

Uno de los detalles más famosos de la estatua es el poema. Lo escribió Emma Lazarus como parte de la campaña para reunir dinero para el pedestal. Estos son los versos más famosos:

> "Traigan a sus cansados, a sus pobres, a sus masas apiñadas que desean respirar en libertad".

Lazarus murió en 1887 y, con los años, muchos olvidaron el poema. En 1901, una de sus amigas inició una campaña para lograr que incluyeran el poema en la estatua. Dos años después, sus esfuerzos rindieron fruto, y el poema se incluyó en una placa sobre el pedestal.

La experiencia en la isla del Ángel

La isla de Ellis era la puerta de entrada para la mayoría de los inmigrantes que venían del norte y el oeste de Europa. En la otra costa de Estados Unidos, estaba la isla del Ángel. Cuando, en 1910, se inauguró esta estación en San Francisco, se la llamó la "isla de Ellis del oeste".

La isla del Ángel era la entrada para inmigrantes de más de 80 países. La mayoría provenía de China. Otros grupos importantes de inmigrantes llegaban desde Japón, el este de Rusia y la India. Nadie sabe cuántas personas fueron detenidas o pasaron por esta estación de inmigración. Los historiadores creen que el número podría ascender a un millón.

Detenciones

La mayoría de los inmigrantes que pasaban por la isla de Ellis lograban entrar al país en un par de horas. Si los detenían, solía ser por unos días o unas semanas como mucho. En la isla del Ángel, el tiempo promedio que pasaban detenidos era de unos seis meses. Algunos inmigrantes quedaron detenidos en la isla durante casi dos años.

¡Protesta!

En el centro de detención de la isla del Ángel, había suciedad y **hacinamiento**. Las salas hechas para no más de 60 personas solían estar abarrotadas con 200. Incluso debieron intervenir miembros del gobierno chino. Pidieron a las tiendas chinas de San Francisco que **boicotearan** los productos estadounidenses hasta que se mejoraran las condiciones del lugar.

▲ Una trabajadora de una organización benéfica acompaña a inmigrantes chinos detenidos en 1923.

Funcionarios entrevistan a un inmigrante chino. ▶

En la isla de Ellis, algunos inmigrantes quedaban detenidos. Sin embargo, el 98 por ciento de los inmigrantes que pasaron por allí lograron entrar al país. Las cosas eran distintas en la isla del Ángel. En esa estación, se implementó la Ley de Exclusión China. Entonces, el proceso era muy estricto. Los inmigrantes que pasaban por la isla del Ángel sufrían mucha más **discriminación**.

En la isla del Ángel, la idea era que los inmigrantes se sintieran aislados, o solos. La estación era lo único que había en la isla o en sus alrededores. No había ninguna estatua de la libertad que ofreciera esperanza o consuelo. Al contrario, los inmigrantes —a los que se mantenía separados— estaban asustados y nerviosos.

Tras los muros de madera

Al igual que en la isla de Ellis, el proceso de inmigración en la isla del Ángel empezaba en los barcos. Los médicos y los funcionarios separaban a las personas en dos grupos según su nacionalidad. Los pasajeros de primera clase y los del este de Europa formaban un grupo. A ellos se les solía dar acceso inmediato al país. El resto de los pasajeros quedaba en otro grupo, formado principalmente por quienes venían de Asia.

A este segundo grupo lo llevaban a la isla del Ángel. Debían dar detalles específicos sobre su vida. Los funcionarios de la isla querían asegurarse de que los inmigrantes fueran realmente quienes decían ser. Los familiares que ya vivían en Estados Unidos también debían responder preguntas. Si las respuestas no coincidían, la familia entera podía ser deportada. Todo era intenso e intimidante.

Mientras esperaban que les dijeran si podían quedarse en el país o no, los inmigrantes debían permanecer en la isla. Algunos tallaban palabras en las paredes de madera de la estación como una manera de expresar sus sentimientos. Expresaban su miedo a través de poemas. Otros escribían que no podían dormir. Hoy estas paredes talladas son un símbolo potente del miedo y la soledad que sentían muchos inmigrantes.

pared tallada en la isla del Ángel

La isla en la actualidad

La isla del Ángel ahora es un museo. La Fundación Estación de Inmigración de la Isla del Ángel ofrece visitas informativas. Se puede ver dónde dormían los inmigrantes y leer los cientos de inscripciones talladas en las paredes. La idea de la fundación es que la isla sea "un lugar para la reflexión y el descubrimiento de la historia que tenemos en común como nación de inmigrantes".

▲ Funcionarios inspeccionan los pasaportes de inmigrantes japonesas en 1920.

▼ Algunos inmigrantes de Asia llegan a la isla del Ángel.

Preguntas y respuestas

Estas son algunas de las preguntas que debió responder Jung Joong, un inmigrante chino de 19 años. Los funcionarios dibujaron un mapa de su aldea basándose en sus respuestas, y las respuestas del padre de Joong debían coincidir con el mapa a la perfección. En total, Jung Joong respondió más de 170 preguntas.

P: ¿Cuántas filas de casas hay en la aldea?
R: cinco filas

P: ¿En qué fila está tu casa?
R: Es la tercera casa de la segunda fila, contando desde el norte.

P: ¿Cuántas casas hay en la primera fila?
R: cuatro, incluida la escuela

25

El verdadero sueño americano

Una historia de éxito

James Truslow Adams fue un exitoso hombre de negocios antes de convertirse en escritor y académico. Nació en Brooklyn, Nueva York. Sin embargo, al igual que la mayoría de los estadounidenses, era de origen inmigrante. Su padre había nacido en Venezuela. Adams vio con sus propios ojos cómo podía cambiar la vida de una persona cuando se mudaba a Estados Unidos.

El deseo de Washington

En 1788, George Washington le escribió una carta a un dirigente neerlandés. Allí expresó cuáles eran sus sueños para el futuro de Estados Unidos. Esperaba que la nueva nación se convirtiera en un "refugio seguro y agradable". Para él, todos debían tener esa sensación de seguridad, sin importar "la nación a la que pertenecieran".

El "sueño americano" nos recuerda todo lo que puede lograr alguien en Estados Unidos si se esfuerza. La frase no se refiere solo a quienes nacieron en Estados Unidos. James Truslow Adams la usó por primera vez, en 1931, en su libro *The Epic of America*. Allí escribió que el sueño americano es la esperanza de que exista "una vida mejor, y más plena y abundante para todos". E insistía en que debía ser para todos, más allá de su "origen o posición".

Los primeros inmigrantes vinieron a Estados Unidos con esa misma sensación de esperanza. Querían libertad para procurarse un buen futuro. Querían vivir en un lugar donde pudieran alcanzar sus metas sin importar sus raíces o su religión. No siempre recibieron un trato justo. Pero trabajaron mucho para dejar su huella en Estados Unidos.

Las esperanzas de los inmigrantes de hoy son las mismas que ayer. Quieren tener una vida mejor. Estados Unidos les da la oportunidad a muchas personas de hacer precisamente eso. Es la oportunidad de cumplir su propio sueño americano.

¡Analízalo!

La Estatua de la Libertad pronto se convirtió en un símbolo de Estados Unidos. Significaba libertad y esperanza. Los estadounidenses y los inmigrantes por igual se sentían inspirados por la Dama de la Libertad.

La imagen de abajo apareció en el periódico *Frank Leslie's Illustrated Newspaper* en julio de 1887. Se publicó nueve meses después de que se inaugurara la estatua. En el dibujo, se ven pasajeros de tercera clase. La leyenda dice: "Nueva York. Bienvenidos a la tierra de la libertad. Un transatlántico pasa por la Estatua de la Libertad: escena en la cubierta".

Esta fue la tapa de la revista *Judge* en 1890. Le respondía al secretario del Tesoro William Windom, que quería construir una estación de inmigración en la isla de Bedloe, donde estaba la Estatua de la Libertad. (La estación se construyó luego en la isla de Ellis). La leyenda dice: "El vertedero de emigrantes propuesto. La Estatua de la Libertad: 'Señor Windom, si convierte la isla en una pila de basura, me vuelvo a Francia'".

Compara y contrasta las dos imágenes.

¿Cómo indican los títulos el propósito de cada artista?

Mira los detalles de las imágenes. ¿Qué dice cada una sobre la inmigración?

¿Cómo se muestra a los inmigrantes?

¿Cómo muestra cada artista a la Dama de la Libertad?

Glosario

académico: una persona inteligente que sabe mucho de un tema

afligido: causado dolor o sufrimiento

aliados: personas que se unen para luchar por una causa o una meta en común

antecedentes: circunstancias o situaciones anteriores que ayudan a comprender algo

boicotearan: se negaran a trabajar con un país, una organización o una persona para expresar descontento y obligarlos a aceptar ciertos términos

clase: cada una de las secciones de asientos o camas en un avión, tren, barco, etc.

Corte Suprema: el tribunal superior de Estados Unidos

cultura: costumbres, creencias y modos de vida de un grupo o de una sociedad

deportó: obligó a irse a personas que no eran ciudadanas del país

discriminación: tratamiento injusto que recibe una persona o un grupo

economía: el sistema por el que se producen, venden y compran bienes y servicios

embalaje: la acción de empaquetar o envasar algo para trasladarlo

excepciones: situaciones en las que no se aplican las reglas

hacinamiento: amontonamiento de muchas personas en un mismo lugar

hambrunas: situaciones en las que faltan alimentos en una población

ilumina: da conocimientos

inmigrado: venido a vivir a un país o un lugar

mano de obra: el trabajo manual de los obreros

nacionalidad: el país del que viene una persona

nativistas: personas que creen que los intereses de los habitantes nacidos en un país deben pesar más que los de los inmigrantes

opresión: tratamiento injusto y cruel de una persona o un grupo

pedestal: la base de un objeto alto

peones: personas que hacen trabajo físico a cambio de dinero

persecución: tratamiento injusto

superpobladas: con demasiada población

Índice

Adams, James Truslow, 26

Alemania, 6, 14

apartamentos de alquiler, 8–9

Bartholdi, Frédéric-Auguste, 18

Berlin, Irving, 14

Boiardi, Ettore, 14

China, 10, 11, 22

Einstein, Albert, 14

Epic of America, The, 26

Estatua de la Libertad, 18, 20–21, 23

Francia, 18, 20, 29

Gran Depresión, 12–13

Hope, Bob, 14

Imperio ruso, 6–7, 14, 22

Irlanda, 6, 9, 14

isla de Bedloe, 18, 20–21, 29

isla de Ellis, 14–18, 22–24, 29

isla del Ángel, 22–25

Italia, 4, 6–7, 9

Jung Joong, 25

Laboulaye, Édouard de, 18

Lazarus, Emma, 21

Ley de Cuotas de Emergencia, 6

Ley de Exclusión China, 10–11, 23

Lue Gim Gong, 10

México, 10, 12–13

Moore, Annie, 14

"nuevos inmigrantes", 6–7, 17

Primera Guerra Mundial, 17

Revolución estadounidense, 18

Riis, Jacob, 9

Roosevelt, Theodore, 9

Segunda Guerra Mundial, 12–13

Segunda Revolución Industrial, 7, 15

sueño americano, 26–27

Washington, George, 26

31

¡Tu turno!

En 1890, los residentes nacidos en el extranjero conformaban el 15 por ciento de la población de Estados Unidos. Hoy son aproximadamente el 14 por ciento. Eso quiere decir que más o menos uno de cada siete estadounidenses nació en otro país. Si se cuentan sus hijos, casi un tercio de los estadounidenses son inmigrantes o hijos de inmigrantes.

Busca a algún conocido que haya nacido en otro país. Entrevístalo sobre su experiencia como inmigrante. Pídele permiso para grabar la entrevista y crea un documental sobre lo que vivió.